Género Fantasía

I0799960

Pregunta esencial

¿Qué se ve en el cielo?

Juguemos a las escondidas

Daniel Haikin
ilustrado por Bernard Adnet

Capítulo 1

El conejo Zoilo y la oruga Euge

El conejo Zoilo y la oruga Euge estaban en el jardín.

Euge descansaba como una reina. Zoilo estaba aburrido.

—¿Qué hacemos? ¿Jugamos a las escondidas? —preguntó Zoilo.

—Otro día. Hoy estoy pensando en volar —dijo Euge.

—¿Cómo? Si las orugas no tienen alas —dijo Zoilo.

—Algún día las tendré y volaré cerca del sol —aseguró Euge.

—¿Podrás volar tan alto como ese pájaro? —dijo Zoilo y señaló a un pájaro que volaba.

—Exacto —contestó Euge.

El pájaro era enorme. Y se veía enfurruñado, enojado, hambriento.

—¡Vete, Euge! ¡El pájaro viene hacia aquí! —gritó Zoilo.

Detective del lenguaje	La coma (,) sirve para separar palabras en una serie. ¿Qué tipo de palabras separan las comas subrayadas?

A las aves les gusta comer orugas. Por eso, Euge huyó rápidamente.

—¿Te esconderás? ¡Sí! ¡Qué divertido es jugar a las escondidas! —dijo Zoilo entusiasmado.

—Te parece divertido porque nadie quiere comerte a ti —contestó Euge.

Capítulo 2

¿Dónde está Euge?

Un día, Zoilo buscó a Euge.

—¿Dónde estará Euge? Quizás está jugando a las escondidas. A ella le gusta ese juego —dijo Zoilo en voz alta.

Zoilo miró hacia arriba. Buscó entre las nubes.

—¿Dónde se habrá metido Euge? No la veo —dijo Zoilo.

Zoilo buscó en todas partes. Buscó entre los árboles. Buscó debajo de una piedra. De pronto paró y dijo:

—Euge quería volar. Tal vez está volando cerca del sol. Iré a la colina.

Capítulo 3

Zoilo encuentra a Euge

Zoilo subió a la colina. En el cielo el sol brillaba. Zoilo sintió su calor.

De pronto, apareció una mariposa. La mariposa abría y cerraba las alas. Volaba cerca del sol.

¡Era Euge! Zoilo y Euge volvían a reunirse. Pero Euge estaba diferente.

—¿Qué te pasó? —le preguntó Zoilo.

—Yo era una oruga. Las orugas nos convertimos en mariposas —dijo Euge.

—¿Jugamos? —dijo Zoilo.

—¡Qué pregunta! ¡Pues claro! Pero esta vez tú te escondes y yo te busco —dijo Euge.

Detective del lenguaje

¿En qué oración de esta página hay dos pronombres personales?

Respuesta a la lectura

Volver a contar

Vuelve a contar *Juguemos a las escondidas* con tus propias palabras.

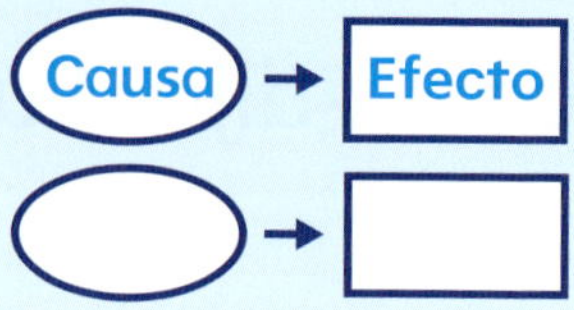

Evidencia en el texto

1. Mira las páginas 4 y 5. ¿Cuál es la causa de que Euge se esconda? Causa y efecto

2. ¿Cuál es la causa de que Zoilo suba a la colina? Causa y efecto

3. ¿Cómo sabes que *Juguemos a las escondidas* es un cuento de fantasía? Género

Género No ficción

Compara los textos

Lee más acerca del Sol.

El Sol es una estrella

La Tierra gira y la Luna se mueve a su alrededor.

La Tierra y la Luna giran juntas alrededor del Sol.

El Sol puede hacerte mal. Un sombrero ofrece buena protección. ¡Úsalo!

El Sol es una estrella. Una estrella es una enorme bola de gas caliente. El Sol nos da calor. Sin su luz y calor nada puede vivir en la Tierra. Pero el Sol también es peligroso. Nunca lo mires directamente, puede dañarte los ojos.

Haz conexiones

Mira el cuento y el texto. ¿Cómo sintió Zoilo el Sol? ¿Cómo lo sientes tú? **El texto y otros textos**

Enfoque:

Ciencias

Propósito Descubrir qué se puede observar en el cielo.

Paso a paso

Paso 1 Escribe una lista de lo que ves en el cielo durante el día.

Paso 2 Dibuja un afiche para mostrar los elementos de tu lista. Rotúlalos.

Paso 3 Conversa con tus compañeros acerca de tu afiche.

Conclusión ¿Qué puedes ver en el cielo durante el día?